BEI GRIN MACHT SICH IHR WISSEN BEZAHLT

- Wir veröffentlichen Ihre Hausarbeit, Bachelor- und Masterarbeit

- Ihr eigenes eBook und Buch - weltweit in allen wichtigen Shops

- Verdienen Sie an jedem Verkauf

Jetzt bei www.GRIN.com hochladen und kostenlos publizieren

Martin Eder

Das Kulturzwiebel-Modell von Geert Hofstede angewendet auf die Welt von James Bond

GRIN Verlag

Bibliografische Information der Deutschen Nationalbibliothek:

Die Deutsche Bibliothek verzeichnet diese Publikation in der Deutschen National-
bibliografie; detaillierte bibliografische Daten sind im Internet über http://dnb.d-
nb.de/ abrufbar.

Impressum:

Copyright © 2010 GRIN Verlag GmbH
Druck und Bindung: Books on Demand GmbH, Norderstedt Germany
ISBN: 978-3-656-74673-7

Dieses Buch bei GRIN:

http://www.grin.com/de/e-book/281354/das-kulturzwiebel-modell-von-geert-hofs-
tede-angewendet-auf-die-welt-von

GRIN - Your knowledge has value

Der GRIN Verlag publiziert seit 1998 wissenschaftliche Arbeiten von Studenten, Hochschullehrern und anderen Akademikern als eBook und gedrucktes Buch. Die Verlagswebsite www.grin.com ist die ideale Plattform zur Veröffentlichung von Hausarbeiten, Abschlussarbeiten, wissenschaftlichen Aufsätzen, Dissertationen und Fachbüchern.

Universität Passau
Lehrstuhl für Interkulturelle Kommunikation

Hauptseminar: Hauptseminar: Kulturkontraste und Kulturkontakte in den James-Bond
Filmen: Eine interkulturelle und kulturgeographische Perspektive
Wintersemester 2009/2010

Werte und kulturelle Praktiken

Das Kulturzwiebel-Modell von Geert Hofstede angewendet auf die „Welt"
von James Bond

Eder, Martin

Lehramt Gymnasium:
Fachsemester: 05

Gliederung

1 Gerd Hofstede und das Kulturwiebelmodell

Die vorliegende wissenschaftliche Arbeit beschäftigt sich im Rahmen des Hauptseminars „Kulturkontraste und Kulturkontakte in den James-Bond Filmen: Eine interkulturelle und kulturgeographische Perspektive" mit dem Kulturzwiebelmodell von Geert Hofstede und dessen Anwendung auf die James Bond Filme.

Die Arbeit unterteilt sich in einen theoretischen Bereich in dem das Kulturzwiebelmodell vorgestellt wird und in einen praktischen Bereich, in dem das Kulturzwiebelmodell auf die Filme „James Bond – 007 jagt Dr. No", „James Bond – Octopussy" und „James Bond – Goldfinger" angewendet wird.

1.1 Aufgliederung des Begriffes Kulturzwiebelmodell

1.1.1 Kultur

Geert Hofstede und Gert Jan Hofstede definieren den Begriff Kultur in ihrer gemeinsamen Herausgabe „Lokales Denken, globales Handeln" auf zwei Arten. Zum einen den Kulturbegriff im engeren Sinne und zum anderen den Begriff Kultur etwas weiter gefasst.

Als erstes die Kultur im engeren Sinne: „Dieses Wort hat mehrere Bedeutungen; sie sind alle aus seinem lateinischen Ursprung abgeleitet, der das Bestellen des Bodens bezeichnet. In den meisten westlichen Sprachen bedeutet „Kultur'" gemeinhin „Zivilisation'" oder „Verfeinerung des Geistes'" und insbesondere die Ergebnisse dieser Verfeinerung, wie Bildung, Kunst und Literatur." [1] Demnach beschränkt sich diese Definition von Kultur auf die Tätigkeiten, welche den Geist verfeinern.

Für Hofstede ist diese Definition nicht ausreichend und er fasst den Begriff Kultur etwas weiter, indem er alltägliche Dinge des Lebens, wie z. B. das „… Grüßen, Essen, das Zeigen oder Nichtzeigen von Gefühlen, das Wahren einer gewissen physischen Distanz zu anderen, Geschlechtsverkehr oder Körperpflege." [2] integriert. Weiterhin behauptet er: „Kultur ist immer ein kollektives Phänomen, da man sie zumindest teilweise mit Menschen teilt, die im selben sozialen Umfeld leben oder lebten, d. h. dort, wo diese Kultur erlernt wurde. […] Sie ist die kollektive Programmierung des Geistes, die die Mitglieder einer Gruppe oder Kategorie von Menschen von einer anderen unterscheidet." [3]

Somit beschreibt der Begriff Kultur das Zusammenleben innerhalb einer Gruppe. Wie die Individuen untereinander denken, fühlen und agieren. Kultur ist laut Hofstede erlernbar, das heißt, wenn man in einer bestimmten Kultur aufwächst, erlernt man mit der Zeit die bestimmte Bedeutung verschiedenster Dinge, die nur in dieser Kultur zu finden sind.

---

[1] vgl. HOFSTEDE (2001b:3)
[2] vgl. HOFSTEDE (2001b:4)
[3] vgl. HOFSTEDE (2001b:4)

1.1.2 Zwiebel

Kultur äußert sich laut Geert Hofstede durch Symbole, Helden, Rituale und Werte, die in Form von Zwiebelschalen dargestellt werden.

Die einzelnen Elemente werden wie folgt definiert:

„Symbole: Worte, Bilder Gesten oder Objekte, die eine bestimmte Bedeutung haben, die nur von denjenigen erkannt wird, die der gleichen Kultur angehören." [4]

„Helden: Personen, lebende oder tote, tatsächliche oder imaginäre, denen Charaktereigenschaften zugeschrieben werden, die in einer Kultur sehr hoch angesehen sind und die somit als Vorbilder für Verhalten gelten." [5]

„Rituale: Kollektive Tätigkeiten, die für das Erreichen des gewünschten Ergebnisses praktisch überflüssig sind, in einer Kultur aber als gesellschaftlich wesentlich angesehen werden: sie werden daher um ihrer selbst willen ausgeübt" [6]

„Werte: Allgemeine Tendenzen, bestimmte Umstände anderen vorzuziehen" [7]

Aus diesen Definitionen lässt sich schlussfolgern, dass Symbole die Oberflächlichkeit beschreiben und somit die äußerste Schale einer Zwiebel darstellen, während die Werte, die am tiefsten gehenden Äußerungen einer Kultur formulieren, den innersten Bereich der Zwiebel beschreiben. Helden und Rituale liegen demnach zwischen den beiden Extremen. [8]

1.1.3 Modell

Ein Modell ist die „Darstellung derjenigen allgemeinen u. abstrakten Merkmale eines Forschungsgegenstandes, die für das Ziel der Forschung von Bedeutung sind." [9]

Dieser Definition zu Folge ist ein Modell eine stark vereinfachte Darstellung der Wirklichkeit, die sich auf die wesentlichen Bestandteile eines Problems konzentriert. Mit Hilfe dieses Modells lassen sich bestimmte Verhaltensmuster charakterisieren und veranschaulichen den Aufbau einer Kultur.

1.2 Funktionsweise des Kulturzwiebelmodells

Vorab ist zu erwähnen, dass das Kulturzwiebelmodell von Geert Hofstede für wirtschaftliche Zwecke entwickelt wurde. Dieses Modell wurde auf der Basis von IBM-Mitarbeitern erstellt, da Hofstede, nachdem er seine Doktorarbeit mit dem Titel „The Game of Budget Control"

---

[4] vgl. HOFSTEDE (2001b:523)
[5] vgl. HOFSTEDE (2001b:520)
[6] vgl. HOFSTEDE (2001b:523)
[7] vgl. HOFSTEDE (2001b:524)
[8] vgl. HOFSTEDE (2001b:7)
[9] Vgl. G. Wahrig (1974): Fremdwörterlexikon

geschrieben hatte, eine Abteilung Personalforschung bei „IBM Europe" gründete und deren Führung übernahm.[10]

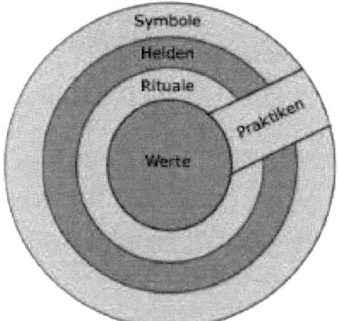

Abbildung 1: Das „Zwiebeldiagramm": Manifestation von Kultur auf verschiedenen Tiefenebenen[11]

Das Kulturzwiebelmodell beschreibt den Aufbau einer Kultur und deren kulturelle Prägung. Hierbei wird das Modell in vier verschiedene Schalen aufgeteilt, deren Inhalt von außen nach innen immer schwerer zu beeinflussen ist. Somit stellen die Symbole die äußerste Schale dar, die mit den Helden und Ritualen zusammen die Praktiken bilden. Diese sind für Außenstehende direkt sichtbar, jedoch ihrem Inhalt nach nicht nachvollziehbar. Den Kern der Zwiebol bilden die Werte, welche nur indirekt von Außenstehenden wahrgenommen werden können. [12]

2. James Bond 007 – Anwendung des Kulturzwiebelmodells von Hofstede

Bis Dato wurde der theoretische Bereich beschrieben. Nun folgt der praktische Bereich, in dem das Kulturzwiebelmodell von Geert Hofstede Anwendung auf die in der Einleitung genannten James Bond Filme findet.

2.1 Symbole

2.1.1 Definition – Symbole

Im theoretischen Bereich wurden die Symbole bereits definiert.

Dem ist noch hinzuzufügen, dass Symbole nicht statisch sind, sondern sich im Laufe der Zeit verändern, beziehungsweise alte Symbole verschwinden und sich neue Symbole entwickeln. Des Weiteren werden Symbole durch interkulturelle Verflechtungen nachgeahmt.

---

[10] vgl. HOFSTEDE (2001b:525)
[11] Siehe HOFSTEDE (2006:8)
[12] vgl. HOFSTEDE (2001b:7-10)

Im Grunde lassen sich Symbole in zwei Gruppen unterteilen. Einerseits in die der materiellen Symbole und die der immateriellen Symbole.

Zur erstgenannten der beiden Gruppen zählen z. B. Kleidung, Frisur, Schmuck, Fahnen, Statussymbole, Monumente und Wahrzeichen. Die Gruppe der immateriellen Symbole beinhaltet dagegen z. B. Worte einer Sprache, fachliche Begriffe, Ausdrücke eines Jargons, Statussymbole sowie Gesten. [13]

2.1.2 Symbole und ihre Bedeutung in den Bondfilmen
2.1.2.1 Materielle Symbole

Auf der ganzen Welt in unterschiedlichen Kulturen wird Kleidung in den verschiedensten Formen und Farben getragen. Sei es aus natürlichen oder künstlich hergestellten Materialien. Aufgabe der Kleidung ist es den Menschen vor Wind und Wetter zu schützen. Kleidung ist aber auch oft nur ein Schmuckstück. Diese kann, sofern man sich mit der jeweiligen Kultur näher auseinandersetzt, eine bestimmte Symbolik aufweisen.

Sehen wir uns die uns am nächst liegende Kultur an, unsere bayrische Kultur. Hier tragen Frauen „Dirndl". Hat die Frau die Schleife des „Dirndls" auf der rechten Seite ihres Körpers, so ist sie bereits vergeben, trägt sie die Schleife jedoch auf der linken Seite, so ist sie noch zu haben. Die Schleife in der Mitte bedeutet, dass sie unschlüssig ist. Dies ist jedoch nur ein Beispiel für die Symbolik von Kleidung.

In den Bondfilmen zeigt sich die Symbolik von Kleidung in anderer Weise. Man kann eine regelrechte Kleiderordnung in den Filmen entdecken.

So z. B. bei dem Hauptprotagonisten James Bond, der meist im maßgeschneidertem Anzug auftritt. Bond ist dadurch immer gut gekleidet, egal in welcher Situation er sich gerade befindet. Sei es ein Dinner, oder ein actionreicher Kampf auf einem Flugzeug, wie es bei „Octopussy" der Fall ist. Als Beispiel dient Abbildung 2, auf der Bond auf dem Rücken eines Flugzeuges Kämpft.

Abbildung 2: Bond kämpft auf einem Flugzeug[14]

---

[13] vgl. HOFSTEDE (2001b:7)
[14] Screenshot aus der DVD „Octopussy"

Der maßgeschneiderte Anzug zeigt den Wohlstand bzw. die gehobene Klasse in der sich James Bond bewegt, da ein solches Kleidungsstück sehr viel Geld kostet und die „untere" Gesellschaft sich dies nicht in dem Maße leisten kann. Er trägt diese Kleidung, um in der Gesellschaft seinen Stand zu zeigen. Die folgende Abbildung 3 zeigt Bond, in üblicher Golferkleidung, und Goldfinger, die gerade auf Goldfingers Golfanlage spielen.

Abbildung 3: Bond Mit Goldfinger beim Golfen[15]

Der Vorgesetzte Bonds, M, welcher auf Abbildung 4 zu sehen ist, trägt ebenfalls maßgeschneiderte Anzüge mit derselben Symbolik. M ist Chef des britischen Geheimdienstes und verkörpert somit eine wichtige Person, die standesgemäß gekleidet sein muss.

Abbildung 4: M in seinem Büro[16]

Verfolgt man den Kleidungsstil der Figuren im Film, so hat jede einzelne Gruppe ihre eigene Art sich zu kleiden, was wiederrum auch Kulturbedingt ist. Angefangen bei den Mitarbeitern des MI6, bis hin zu den Mittlerfiguren über die Bösewichte, deren Gefolgschaft und den Bond-Girls.

---

[15] Screenshot aus der DVD „Goldfinger"
[16] Screenshot aus der DVD „Octopussy"

Die männlichen Mitarbeiter des MI6 tragen alle Anzüge und die weiblichen Angestellten tragen Kostüme (Abb. 5). Die Mittlerfiguren hingegen tragen ihrem Stand entsprechende Kleidung. Deutlich wird dies an Sadrodin, der Mittlerfigur bei „Octopussy", welcher mit Bond in Indien auf Abbildung 6 zu sehen ist.

Abbildung 5: Miss Smalbone, Bond,
und Miss Moneypenny[17]

Abbildung 6: Bond und seine Kontaktperson
Sadrodin[18]

Die Seite des „Bösen" pflegt ebenfalls einen eigenen Kleidungsstil. So trägt z. B. Dr. No für seine Kultur üblich, eine ähnlich elegante Kleidung. Jedoch fehlt hier die Krawatte und auch der Schnitt dieses Kleidungsstückes ist ebenfalls anders. Die Diener des „Bösen" tragen, wenn sie in Gruppen auftreten meist eine Uniform, was die beiden folgenden Abbildungen 10 und 11 verdeutlichen. Diese Uniformen stellen eine Gemeinschaft dar, aus der niemand durch die Uniform akzentuiert wird. Des Weiteren lassen solche Uniformen wenig Spielraum für Individualität.

Abbildung 10: Fliegerstaffel von Pussy Galore[19]

Abbildung 11: Die Untergebenen von
Golfinger[20]

Nur die engsten Untertanen tragen keine Uniformen, sondern sind z.B. ihrem Arbeitsplatz entsprechend angepasst. Deutlich wird dies in dem Film „Goldfinger", in dem Oddjob, der engste Mitarbeiter von Auric Goldfinger, einen Anzug mit Zylinderhut trägt. Oddjob erledigt

---

[17] Screenshot aus der DVD „Octopussy"
[18] Screenshot aus der DVD „Octopussy"
[19] Screenshot aus der DVD „Goldfinger"
[20] Screenshot aus der DVD „Goldfinger"

die unangenehmen Arbeiten von Goldfinger und besitzt eine außerordentliche Kraft. Er kümmert sich um die Beseitigung von unliebsamen Konkurrenten. Der Hut von Oddjob erweist sich in diesem Film als äußerst wirkungsvolle Waffe, die er ähnlich einer „Frisbee-Scheibe" einsetzt. Abbildung 12 zeigt Oddjob, wie er gerade seine Kraft gegenüber James Bond demonstriert, in dem er einen Golfball mit bloßer Hand zerdrückt.

Abbildung 12: Oddjob, Mitarbeiter von Goldfinger[21]

Zu den Bondgirls ist zu sagen, dass diese immer leicht, bzw. aufreizend bekleidet sind (siehe Abb. 13 und 14). Diese Gewandung bringt die Weiblichkeit in den Filmen zur Geltung. Es handelt sich hierbei immer um die Liebschaften von James Bond, wie z. B. im Film „007 jagt Dr. No" oder in „Octopussy".

Abbildung 13: Honey Rider[22]   *Abbildung 14: Octopussy[23]*

Kleidung spielt in den meisten Kulturen eine sehr große Rolle, da sie in allen Kulturen vorkommt. Sei es bei der indigenen Bevölkerung eines Urwaldes als Lendenschurz oder in der zivilisierten Welt als Anzug. Kleidung ist allgegenwärtig.

Frisur und Schmuck zählt ebenso wie die Kleidung zu den Dingen, die das äußere Erscheinungsbild des Menschen in einer bestimmten Kultur beeinflussen. Die Frisuren sind in den Bondfilmen nicht besonders auffällig. Hier tragen die Männer kurze und die Frauen

---

[21] Screenshot aus der DVD „Goldfinger"
[22] Screenshot aus der DVD „007 jagt Dr. No"
[23] http://www.jamesbond-shop.com/framesv/star84maudadams.gif

meist lange, voluminöse Haare. Schmuck dagegen ist als Symbol sehr aussagekräftig, da jedes Individuum Schmuck anders interpretiert. Als Schmuck können verschiedenste Gegenstände und Materialien dienen.

In den Bondfilmen tritt Schmuck ebenfalls in den verschiedensten Formen auf. So schmückt sich Octopussy im gleichnamigen Film mit dem Oktopus. Dieser Taucht als Tattoo auf ihrem Rücken auf. Des Weiteren dient er als Vorlage auf ihrem Nachthemd und der Flagge, die den Oktopus-Kult repräsentiert. Ihre Anhängerschaft ist ebenfalls mit einem kleinen Octopus-Tattoo versehen. Auch ihr Bett hat sie in der Form der achtarmigen Krake gestalten lassen. Nicht zu vergessen ist, dass sie den Oktopus als Tier natürlich auch in ihrem Palast hat. Die folgenden drei Screenshots (Abbildungen 15, 16 und 17) geben nur einen kleinen Einblick, in wie weit dieses Symbol verwendet wird.

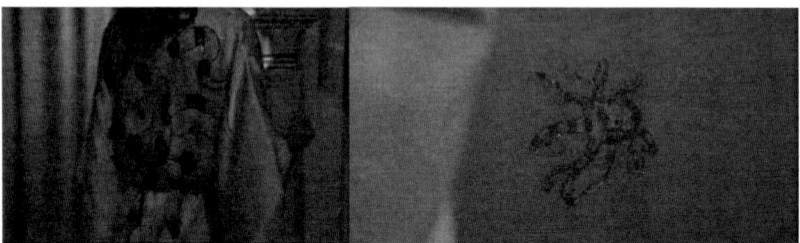

Abbildung 15: Octopussys Bademantel[24] Abbildung 16: Das Octopus-Tattoo ihrer Anhängerschaft[25]

Abbildung 17: Flagge des Oktopusskults[26]

Ebenfalls ein Schmuckstück in diesem Film ist das Fabergé-Ei. Hierbei handelt es sich um ein kunstvoll hergestelltes Ei, das aus Gold und Diamanten besteht. Dieses wurde in St. Petersburg von Carl Peter Fabergé angefertigt, zu sehen auf Abbildung 18. Auf einer Auktion im Film „Octopussy" wird für diesen Schmuckgegenstand ein Betrag von 500.000 £ geboten.

---

[24] Screenshot aus der DVD „Octopussy"
[25] Screenshot aus der DVD „Octopussy"
[26] Screensht aus der DVD „Octopussy"

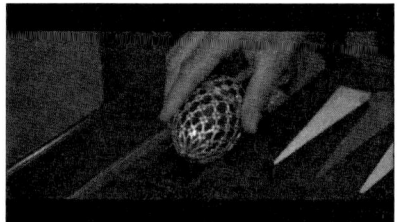

Abbildung 18: Fabergé-Ei[27]

Wenn wir nun den Film „Goldfinger" betrachten, so ist Schmuck im Wesentlichen auf Gold beschränkt. Natürlich kommt Schmuck auch in anderer Form vor, z. B. als Armbanduhr von James Bond, jedoch spielt Gold, wie der Titel schon vermuten lässt, die Hauptrolle. Die folgenden drei Screenshots (Abbildungen 19, 20 und 21) verdeutlichen die nachfolgenden Ausführungen.

Goldfinger selbst trägt immer mindestens ein goldfarbenes Kleidungsstück bei sich. Neben der Schutzfunktion von Kleidung kann sie auch als Schmuck getragen werden, wie oben schon angemerkt wurde. Seine Mitarbeiter sind ebenfalls mit einem goldfarbenen Kleidungsstück versehen.

Abbildung 19: Angestellte Goldfingers mit goldener Kleidung[28]

Gold ist ein Zeichen von Macht und Reichtum. Je mehr Gold jemand besitzt, desto reicher ist er und desto mehr Einfluss hat er auf bestimmte Bereiche. Besonders in der Kriminalität spielt Geld bzw. Gold eine große Rolle.

---

[27] Screenshot aus der DVD „Octopussy"
[28] Screenshot aus der DVD „Goldfinger"

Abbildung 20: Goldfinger mit goldener Weste[29]   *Abbildung 21: Fliegerstaffel mit goldenem Logo*[30]

Der Aussagegehalt von Schmuck ist genau so unterschiedlich, wie die Ausführungen von Schmuck selbst. Die einen schmücken sich mit Körperbemalungen, die ein Leben lang halten, während sich andere mit Gold schmücken. Für die einen ist Schmuck ein Symbol des Wohlstandes, wenn man Goldfinger als Beispiel nimmt. Für die anderen kann Schmuck einen ideellen Wert haben, wie z. B. beim Oktopus-Kult. Dieses Beispiel beweist, dass Symbole, je nach dem in welcher Kultur man sich befindet, eine andere Bedeutung haben können.

Ein weiteres materielles Symbol bilden Fahnen. Bei Fahnen handelt es sich um ein Stück Stoff, auf dem unterschiedliche Bilder, Symbole, Zeichen, etc. abgebildet sein können, welcher an einem Mast befestigt ist. Sie repräsentieren eine Gemeinschaft von Personen, die einen bestimmten Grundgedanken gemeinsam haben. Fahnen vermitteln demnach, ähnlich einer Uniform, ein Gemeinschaftsgefühl.

In den drei Filmen, die in dieser Hausarbeit bearbeitet werden, taucht eine solche Fahne im Film „Octopussy" auf, wie aus der Abbildung 17 ersichtlich ist. Diese Fahne sagt aus, dass hier Frauen beitreten können, die einen Guru, Disziplin, eine Schwesternschaft oder nach einem neuen Leben suchen, was folgendes Zitat belegt.

„She '"revived the old octopus cult"', recruiting luscious, female followers, explaining that '"there are many of them all over South East Asia, looking for a guru, spiritual discipline, who knows what. I train them; give them a purpose, a sisterhood, and a way of life."' " [31]

Das Statussymbol ist weder den materiellen Symbolen noch den immateriellen Symbolen direkt zu zuordnen, da es sich bei Statussymbolen um beides handeln kann.

„Als Statussymbol wird ein Objekt bezeichnet, das den gesellschaftlichen Stand oder sozialen Status seines Besitzers oder Trägers zum Ausdruck bringt." [32]

---

[29] Screenshot aus der DVD „Goldfinger"
[30] Screenshot aus der DVD „Goldfinger"
[31] http://commanderbond.net/1862/the-octopus-cult.html
[32] http://www.fremdwort.de/suche.php?term=statussymbol

Materielle Statussymbole sind beispielsweise Schmuck, Autos, Geld oder Kleidung, um nur einige zu nennen. Dem stehen immaterielle Statussymböle gegenüber. Solohe sind z. B. ein Doktortitel, Ansehen, Bildung, Bekanntheit, usw. [33]

In den James Bond Filmen gibt es jede Menge solcher Statussymbole. Jedem James Bond Fan fällt zu der Frage der Statussymbole wahrscheinlich als erstes der Aston Martin ein, den Bond fährt. Aber auch der Antagonist besitzt oftmals ein solches Statussymbol. So z. B. Goldfinger, der einen Rolls Royce Phantom 337 fährt, zu sehen im der folgenden Abbildung 22.

Abbildung 22: Rolls Royce Phantom 337 von Goldfinger[34]

Unter Statussymbole fallen auch Monumente und Bauwerke. Dr. No besitzt einen solchen Statuswert. Es ist sein Quartier und zugleich Arbeitsstätte unter dem Meeresspiegel auf der Insel Crab Koy, von wo aus er seine Pläne durchführt (Abb. 23).

Kamal Khan besitzt ebenfalls eine prunkvolle Residenz, welche auf Abbildung 24 zu erkennen ist. In dieser hält er James Bond gefangen. Seine Residenz gleicht einem Gefängnis, da unzählige bewaffnete Wachen postiert sind, dennoch gelingt es James Bond aus der Residenz zu flüchten.

Abbildung 23: Quartier und zugleich Arbeitsstätte von Dr. No[36] *Abbildung 24: Residenz von Kamal Khan[35]*

---

[33] http://www.fremdwort.de/suche.php?term=statussymbol
[34] Screenshot aus der DVD „Goldfinger"
[35] Screenshot aus der DVD: „Octopussy"
[36] Screenshot aus der DVD: „007 jagt Dr. No"

Diese eben ausgeführten Statussymbole zeigen den Wohlstand der einzelnen Personen. Sie zeigen aber auch die Macht, die ihre Besitzer haben, da sie Anführer einer großen Gruppe sind und auf diese eine besondere Wirkung ausüben.

2.1.2.2 Immaterielle Symbole

Die andere Form der Statussymbole sind wie oben schon erwähnt, ein Doktortitel, das Ansehen, die Bildung, der Bekanntheitsgrad einer Person und vieles mehr.

Einen Doktortitel hält z. B. Dr. Julius No inne. Er ist Doktor in Bezug auf Radioaktivität. Demnach symbolisiert dieser Doktortitel, dass Dr. No detailliertes Wissen über radioaktive Substanzen und deren Verwendung verfügt. Die zwei Handprothesen, die Dr. No trägt stammen aus der Zeit nach seinem Umfall mit radioaktivem Material, was auf der nachfolgenden Abbildung 25 dargestellt wird. Er lässt sich jedoch nicht davon abhalten weiterhin mit diesem gefährlichen Stoff zu arbeiten.

Abbildung 25: Dr. Julius No mit Handprothesen[37]

Im Grunde sind die immateriellen Statussymbole indirekt miteinander verbunden. Besitzt jemand einen Doktortitel, so kann man davon ausgehen, dass diese Person hoch gebildet ist und in einem bestimmten Personenkreis hohes Ansehen genießt. Verfasst diese Person dann noch Bücher über seine Arbeit, so steigt ihr Bekanntheitsgrad.

James Bond verfügt über keinen Doktortitel, ist jedoch ebenfalls hoch gebildet. Dies liegt an seiner Vergangenheit, in der er verschiedene Privatschulen besuchte, dann studierte und im Rahmen seiner Ausbildung zum Geheimagenten eine weitere Bildung erhielt.

Ansehen genießt 007 zum einen von Mitarbeiter des MI6, wenn man Moneypenny oder M als Beispiel anführt und zum anderen von den Zuschauern in den Kinos. Hier sind es meist Männer die Bond als Vorbild sehen. Weitere immaterielle Symbole sind z. B. Worte einer Sprache, fachliche Begriffe, Ausdrücke eines Jargons sowie Gesten. [38]

---

[37] Screenshot aus der DVD: „007 jagt Dr. No"
[38] vgl. HOFSTEDE (2001b:7)

Finzelne Worte einer Sprache können verschiedene Aussagen treffen. Nimmt man aus dem deutschen z. B. das Wort „Hahn", so kann damit das Tier gemeint sein, aber auch der Wasserhahn. Je nach dem in welchem Zusammenhang dieser Begriff steht.

Worte können aber auch Informationen übermitteln. So z. B. ein Zitat aus „007 jagt Dr. No", in dem James Bond zu Dr. No sagt: *„Sprotten, die sich als Wale aufspielen. Genau wie ihr Herr und Meister."* [39] Hiermit sagt James Bond, dass Dr. No sich überschätzt und drückt nebenbei noch seine Verachtung gegenüber ihm aus.

Fachliche Begriffe dienen als Namensgebung für bestimmte Ereignisse, Erkenntnisse, Lebewesen oder Gegenstände. Meist werden dafür Wörter aus dem Lateinischem gebraucht, aber auch aus anderen Sprachen werden solche Fachbegriffe verwendet. Im gerade angeführten Zitat befindet sich ein solcher fachlicher Begriff, die so genannten „Sprotten". Hier handelt es sich um einen harmlosen Fisch, der im Salzwasser heimisch ist. Dieser Begriff stammt aus der Meeresbiologie. Die „Sprotten" werden in Abbildung 26 gezeigt.

Abbildung 26: Sprotten im Aquarium[40]

Die Gesten fallen in den Bereich der nonverbalen Kommunikation. Sie definieren sich wie folgt: Eine Geste ist eine „Bewegung, die etwas ausdrücken soll [, …]". [41]

So kann z. B. das Heben einer Hand ein Grüßen sein. Es kann aber auch bedeuten „Halt hier geht es nicht weiter!". Hier ist wieder darauf zu achten, in welchem Kontext die Gesten erfolgen. Es gibt wieder vielerlei Arten von Gesten. Vergleicht man Gesten aus verschiedenen Kulturen miteinander, so fällt oft erstaunliches auf. Als Beispiel soll das Begrüßen der europäischen Kultur mit der Kultur der Inuit dienen. Während man sich in Europa förmlich die rechte Hand gibt und damit sein Gegenüber grüßt, reiben sich die Inuit zur Begrüßung die Nasen. Dies mag einem Europäer unangenehm erscheinen, da es in dessen privaten Bereich eindringt, jedoch ist diese Art der Begrüßung für die Inuit selbstverständlich.

---

[39] Zitat aus der DVD „007 jagt Dr. No"
[40] Screenshot aus der DVD „007 jagt Dr. No"
[41] Vgl. G. Wahrig (1974): Fremdwörterlexikon

Nicht nur die Kultur ist entscheidend, in der man sich bewegt. So ist es auch die einzelne Region, die unterschiedliche Gesten aufweist. Das Steigern eines begehrten Objekts z. B. kann entweder durch Handzeichen erfolgen oder in anderen Kreisen durch das Hochhalten von Schildern mit Nummern. Im Film „Octopussy" erfolgt das Steigern durch das Heben der Hand. Hier treibt James Bond den Preis für das gefragte Fabergé-Ei bis auf 500.000 £. Sein Konkurrent in diesem Fall ist kein geringerer als Kamal Khan, auf Abbildung 27 zu finden, den James Bond am Ende das Ei steigern lässt. Bond wusste, dass Kamal Kahn das Ei steigern muss und konnte somit den Preis für das Ei ohne Angst mit steigern.

Abbildung 27: Kamal Kahn bei der Auktion des Fabergé-Ei´s[42]

Eine weitere Geste ist das Aufhalten von Türen, wie es Kamal Kahns Mitarbeiter auf Abbildung 28 demonstriert. Meist wird den Antagonisten von ihren Bediensteten die Tür aufgehalten. Auffällig ist dies im Film „Octopussy".

Abbildung 28: Öffnen der Autotür durch Bediensteten[43]

Bei Goldfinger fällt auf, dass dieser sich die Tür nicht öffnen lässt, sondern er diesen Handgriff selbst vollzieht. Auch lassen manchmal die Höflichkeitsformen von Goldfinger zu wünschen übrig, da er oftmals einfach unter dem Gespräch abbricht und verschwindet ohne

---

[42] Screenshot aus der DVD „Octopussy"
[43] Screenshot aus der DVD: „Octopussy"

sich zu verabschieden. Daraus lässt sich schlussfolgern, dass Goldfinger nicht als reicher Sohn geboren wurde, sonder er im Laufe seines Lebens sich das Gold selbst aneignete, da er solche banalen Höflichkeitsformen nie gelernt hat.

Bei James Bond fällt auf, dass er zur Begrüßung nie die rechte Hand verwendet. Er grüßt jedoch stets höflich und fällt dabei nie aus seiner Rolle. Er behält dabei den Status des „Gentleman" bei.

Eine weitere Geste, die James Bond im Film „Octopussy" macht, ist das Überreichen von roten Blumen an Moneypenny (Abb. 29). Hiermit drückt er seine Zuneigung gegenüber ihr aus, wobei darauf zu achten ist, dass Moneypenny nur eine Blume des Straußes bekommt, während Moneypennys´ neue Sekretärin die restlichen Blumen erhält, nach dem Motto „Gleichberechtigung für alle". Womit er wieder einmal seine gute Erziehung zeigt.

Abbildung 29: Überreichen von roten Blumen[44]

2.2   Helden

2.2.1 Helden - Definition

Die zweite Schale in Geert Hofstedes Zwiebelmodell stellt die der Helden dar. Sie sind ein weiteres Merkmal von Kulturen, die schnell zu erkennen und für alle außen stehenden gut sichtbar sind. Nach Hofstede werden mit diesem Begriff Personen bezeichnet, die in einer Kultur hohes Ansehen genießen oder einfach berühmt oder populär sind. Sie können tot oder lebend, echt oder fiktiv sein. Selbst Fantasie- oder Comicfiguren wie Barbie, Batman oder aber Asterix dienen als kulturelle Heldenfiguren. Die so genannten Helden sind für die Mitglieder einer Kultur Vorbilder und Leitfiguren.[45] Wobei es zu früheren Zeiten nur wenig international anerkannte fiktionale englische Helden gab. Eigentlich erst mit dem Auftritt von Conan Doleys vollständig fiktiver Figur des Sherlock Holmes im 19. Jahrhundert mutierten das Heldentum und die Helden auch zu Verkaufsartikeln, nicht nur für die Briten, sondern für die ganze Welt. Diese Helden sind aber nicht nur irgendwelche Produkte, sie haben sich in

---

[44] Screenshot aus der DVD „Octopussy"
[45] Vgl.: HOFSTEDE (2001b: 8ff.)

der nationalen Psyche festgesetzt, reflektieren ihre Entstehungszeit und ihr anhaltender Erfolg, lässt sich auf eine tiefgründige Beziehung zu den Zuschauern zurück führen.[46]

2.2.2 Helden und ihre Bedeutung in den Bondfilmen

Den Platz eines Helden nimmt auch James Bond ein. In vielerlei Hinsicht, sei es beispielsweise wie bereits erwähnt sein äußeres Auftreten oder aber seiner guten Erziehung, kann Bond als Held bezeichnet werden. Als Agent für den britischen Geheimdienst setzt er sich stets für das Gute ein und versucht in all seinen Filmen die westliche Welt in ein gutes Licht zu rücken. Auffallend ist dabei, dass seine westliche Welt immer die gute Seite darstellt und Bonds Gegner dagegen als Böse erscheinen lässt.

Ein weiteres Merkmal Bonds, ist seine Gelassenheit und Coolness, die er in allen Situationen ausstrahlt. Egal ob es manchmal scheint, dass er in der Klemme steckt, 007 schafft es immer wieder sich seiner Cleverness aus der Schlinge zu retten und dabei teilweise nicht einmal angestrengt zu wirken.

Des Weiteren ist Bond mit einer großen Portion Mut und einer schnellen Auffassungsgabe ausgestattet, obwohl er weder diese noch andere solcher Qualitäten in großem Maße besitzt. „Es ist vielmehr eine gewisse moralische Kraft, eine hartnäckige Treue zur Aufgabe - zum Befehl von M, der immer als Leitbild präsent ist -, die es ihm ermöglicht, unmenschliche Prüfungen zu überstehen, ohne übermenschliche Fähigkeiten zu besitzen."[47]

Neben diesen Eigenschaften eines Helden, darf natürlich ein gutes und gepflegtes Aussehen nicht fehlen. James Bond steht dem nichts nach. Er ist in wirklich allen Situationen gut und der Situation entsprechend gekleidet. Auf besondere Eleganz legt Bond dabei keinen allzu großen Wert, jedoch lassen sich einige bestimmte charakteristische Züge in seiner Kleidung feststellen. Er trägt meistens klassische Anzüge in schlichten Farben. Bei seinen Casinobesuchen oder aber beispielsweise beim duellieren mit seinem Gegner, wie bei einem Würfelspiel, wie es in „Octopussy" mit Kamal Khan der Fall ist, geht er auch gerne mal ganz in weiß, wie Abbildung 30 zeigt. Ein klassisches Bild von James Bond, wie er sich meist zeigt sieht man in der Abbildung 31 rechter Hand.

Bennett, Milton J. (1994): Towards Ethnorelativism - A developmental Model of intercultural Sensitivity. In: Paige, Michael (Hrsg.): Education for the Intercultural Experience. Yarmouth, Main: Intercultural Press. S. 21 - 71.

[46] Vgl.: GREEN: Liebesgrüße aus Brengland; Nationale Identität und James Bond. In: GRÜNKEMEIER et al. (2007): Das Kleine Bond-Buch. Form Cultural Studies with Love. Schüren. S.80 ff. (2007:80ff.)
[47] Vgl.: ECO (1966:74)

Abbildung 30: Bond mit Kamal Khan beim Würfel-Spiel"[48]

Abbildung 31: Sean Connery als James Bond[49]

Wenn Bond jedoch nicht ganz klassisch unterwegs ist, auf eine sportliche und dennoch geschmackvolle Kleidung achtet er stets. Sei es unterwegs mit Goldfinger beim Golfen oder in schicken Badeshorts am Pool in Miami, wie Abbildung 32 und 33 zeigen.

Abbildung 32: Bond mit Goldfinger beim Golfen[51]

Abbildung 33: Bond mit Felix Leiter am Pool in Miami[50]

Befindet sich Bond aber unterwegs, also außerhalb seines westlichen „Tellerrandes", passt er sich dementsprechend an die vorherrschende Kultur an, in seinem Verhalten, also dem Gebrauch der jeweiligen Sitten und Bräuchen sowie auch in seinem Kleidungsstil. Damit verfolgt der Agent zwei Ziele. Zum einen spiegelt das seine interkulturelle Kompetenz wieder, zum Anderen zeigt er sich so, um nicht besonders herauszustechen bzw.

---

[48] Screenshot aus der DVD "Octopussy"
[49] http://johngushue.typepad.com/.a/6a00d83451f25369e2010535d2cb7e970c-800wi
[50] Screenshot aus der DVD „Goldfinger"
[51] Screenshot aus der DVD „Goldfinger"

aufzufallen. Zu sehen ist dies zum Beispiel in dem Film „007 jagt Dr. No", wie Bond bei seinem Gegenspieler Dr. Julius No zu Gast ist.

Neben bestimmten Charakteristika in seiner Kleidung, gibt es auch gewisse No-Gos bei Bonds Kleidungstil. „Er trägt nie Schuhe mit Schürsenkeln, nur Mokassins, die als Angriffswaffe verwendet werden können, weil die Spitze eisenverstärkt ist. Er trägt oftmals die gleiche schwarze Seidenstrickkrawatte [...]."[52]

Was bei einem Held natürlich nicht fehlen darf, ist das Verhältnis zu den Frauen. Agent 007 ist berühmt der Frauenheld schlechthin zu sein. Mit seinem Charme schafft er es immer wieder die Frauen um den Finger zu wickeln. Dadurch verschafft er sich oftmals seine benötigten Informationen oder hat kurze, aber dafür heiße Liebesaffären. In dem Film Octopussy beispielsweise verführt Roger Moore als James Bond Octopussy (siehe Abb. 34), die anfangs zusammen mit Kamal Khan gegen Bond gearbeitet hatte und sich aber letzten Endes auf Bonds Seite stellt. Abbildung 35 zeigt Bond in dem Film „Goldfinger" mit einer vergoldeten Geliebten.

 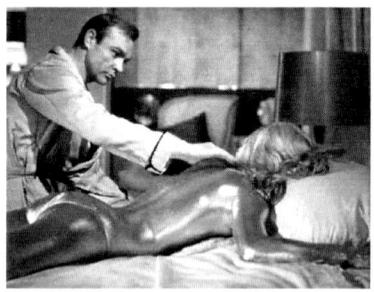

Abbildung 34: Bond mit Octopussy im Bett[53]   Abbildung 35: Bond mit einer vergoldeten Geliebten[54]

Aber auch zu Miss Moneypenny verhält sich Bond stets Gentleman-Like und hat eine sehr innige Beziehung zu ihr. Bond lässt sie spüren, dass sie etwas Besonderes ist, indem er sie mit Komplimenten und Blumen überrascht (Abb. 36).

---

[52] Vgl.: ECO (1966:33)
[53] Screenshot aus der DVD „Octopussy"
[54] Screenshot aus der DVD „Goldfinger"

Abbildung 36: Bond mit Miss Moneypenny[55]

Ein weiteres Merkmal eines Helden ist eine gute Erziehung und Bildung, was bei der Figur des James Bonds auf jeden Fall zutrifft. Nachdem seine Eltern, der schottische Ingenieur Andrew Bond und die Schweitzer Bergsteigerin Monique Bond 1931 bei einem Skiunfall ums Leben kommen wuchs er mit seinem älteren Bruder bei seiner Tante auf. Mit 13 Jahren kam er dann ins Elite-Internat Eton College. Bereits zwei Jahre später ging er aufgrund eines Zwischenfalls nach Fettes in Edinburgh auf die Schule, die bereits sein Vater besuchte. Nach seiner schulischen Laufbahn ging Bond dann zur Königlichen Marine, wo er dort einige Zeit später den Rang eines Commanders erreichte. Daraufhin stand dem Ziel in die Doppel-Null-Abteilung nichts mehr im Weg.[56]

In den James Bond-Filmen gibt es neben dem klassischen Helden, welchen 007 einnimmt auch die Figur des Antihelden, der Bonds Gegenspieler darstellt. In der ersten Romanverfilmung „007 jagt Dr. No" aus dem Jahre 1962 nimmt Joseph Wiseman, bekannt als Bösewicht Dr. Julius No die Rolle des Antihelden ein. Er war ein brillanter Wissenschaftler und Fachmann für Strahlenforschung, was ihm aber zum Verhängnis wurde, da er dadurch beide Hände verlor. Diese wurden dann durch metallische Hände ersetzt, die ihm eine enorme Stärke verliehen. Bereits sein äußeres Erscheinungsbild, wie es beispielsweise Abbildung 37 zeigt, ist sehr konträr zu dem Bonds`. Er hat kurzgeschorene Haare, die Haut ist nahezu durchgehend ohne Falten versehen, seine Wangen haben die Farbe alten Elfenbeins, die Augenbrauen wirken wie geschminkt und die Augen haben keine Wimpern.[57]

---

[55] Screenshot aus der DVD „Octopussy"
[56] Vgl. http://www.razyboard.com/system/morethread-vita-james-bond-jamesbond-2013604-3605011-0.html
[57] Vgl.: ECO (1966:78)

Abbildung 37: Äußeres Erscheinungsbild von Dr. No[58]

Dr. No, der für Russland arbeitet, lebt von einer blühenden Guano-Industrie und schafft es die ferngesteuerten Raketen der Amerikaner von ihrem Kurs abzubringen. Sein Vermögen hat er sich selbst „erarbeitet", indem er die kriminelle Organisation namens SPECTRE bestahl, deren Kassenwart er war. Mit seinem Reichtum lebt er dann auf seiner Insel in einem Palast von märchenhaftem Prunk, was man mit einer Art künstlichem Aquarium gleichsetzen kann.[59]

In Jahr 1964 verkörpert Gerd Fröbe den Antihelden „Goldfinger" im gleichnamigen Film (Abb. 38). Auric Goldfinger lebt vom Handel und Schmuggel mit Gold, mit denen er kommunistische Bewegungen in Europa finanziert. Sein Ziel ist es, das Gold des Fort Knox zu stehlen. Er versucht das Wasser von Fort Knox mit chemischen Mitteln zu vergiften.

Abbildung 38: Auric Goldfinger mit goldener Weste und prunkvollem goldenen Ring"[60]

[58] Screenshot aus der DVD „007 jagt Dr. No"
[59] Vgl.: ECO (1966:81 ff.)
[60] Screenshot aus der DVD „Goldfinger"

Mit der Volksrepublik China verbündet er sich und hat sich zum Ziel gesetzt die gesamten Goldreserven der USA aus dem Fort Knox radioaktiv zu verseuchen. Damit der Wert seiner eigenen Bestände um einiges in die Höhe geht. Goldfinger wird in diesem Film wie ein Scheusal charakterisiert. „Er ist von kleiner Statur, höchstens einssechzig. Auf dem dicken Rumpf mit den plumpen, bäurischen Beinen saß nahezu halslos ein übergroßer, kugelrunder Kopf. Als hätten die einzelnen Körperpartien früher verschiedenen Männern gehört, so wenig fügte sich eine zur anderen. [...] ...ein hässlicher Zwerg mit roten Haaren und wunderlichen Gesicht".[61]

In Octopussy aus dem Jahre 1983 ist der russische General Orlov gespielt von Steven Berkoff Bonds Gegenspieler. Als Anhänger des Kommunismus verfolgt er strikt seine Ziele, ohne Rücksicht auf Verluste. Hinter seiner Arbeit steht ein großes Team. In Indien hat er seine Verbündete, den afghanischen Prinzen Kamal Khan sowie dessen Leibwächter Gobinda. Im Gegensatz zu James Bond wird dieser Bösewicht abscheulich und unattraktiv dargestellt. Auch im Bezug auf die Kleidung unterscheiden sich General Orlov sowie auch viele andere Antihelden von dem britischen Geheimagenten. Orlov trägt zum Beispiel immer seine olivgrüne Uniform, welche aufgrund der Farbe und auch der Schnitts als sehr streng wahrgenommen wird, wie es auf Abbildung 39 zu sehen ist. Auch seine Mimik steht im Gegensatz zu Bonds freundlichen Gemüt, wie folgende Abbildung zeigt.

Abbildung 39: General Orlov bei einem Treffen mit der NATO[62]

Im Allgemeinen ist zu sagen, dass sich die Rollen des Antihelden immer durch die gleichen charakteristischen Merkmale auszeichnen. Sie werden teils durch die Kleidung hervorgehoben oder ihren Mimik. Meist sind sie eher von niedriger Herkunft. Des Weiteren wird der Held immer mit dem Guten gleichgesetzt, während der Antiheld das Böse vertritt. „Der Begriff wird am deutlichsten, wenn man ihn von dem des Helden absetzt. Ein Held ist ein positiv besetzter Protagonist mit überdurchschnittlichen Fähigkeiten und Tugenden, der

---

[61] Siehe ECO (1966:78)
[62] Screenshot aus der DVD „Octopussy"

im Zentrum der Aufmerksamkeit der Zuschauer steht. Antihelden sind Underdog-Figuren, durch die die Geschichte perspektiviert wird und die im Mittelpunkt der Aufmerksamkeit stehen, denen aber die Situationsmächtigkeit, die überdurchschnittlichen moralischen Qualitäten und Fähigkeiten des Helden fehlen und denen manchmal sogar das Merkmal der Aktivität genommen wird. Häufig vereinigt der Antiheld Elemente des Tragischen und des Komischen [...].[63]

In den James Bond-Filmen spielen aber nicht nur Held und Antiheld eine tragende Rolle, auch die so genannten Mittlerfiguren dürfen nicht außer Acht gelassen werden. Diese sind Hintergrundfiguren, die Varianten eines der Hauptcharaktere darstellen, von dem sie sozusagen einige Charakterzüge tragen. Meist nehmen die Mittlerfiguren die Funktion der Frau oder des Bösewichts ein.[64] Auf die James Bond-Filme angewendet wären Magda, die Bedienstete Octopussys im gleichnamigen Film, der Koreaner Oddjob in „Goldfinger" oder Felix Leiter, der unter anderem in „Goldfinger" und „007 jagt Dr. No" die Mittlerfiguren spielen, um nur einige zu nennen.

Die Figur des Quarrel in „Dr. No" wird zum Beispiel gleichzeitig als Mittler des Bösewichts und aber auch M`s gezeigt. Man spricht hierbei auch von ambivalentem Mittler. „Mit ihnen befindet sich Bond immer in einer Art wettkämpferischen Bündnisses; er liebt und fürchtet sie gleichzeitig, benutzt und bewundert sie, beherrscht sie und wird von ihnen beherrscht."[65]

Abschließend ist zu sagen, dass James Bond ein Held der Kriminalliteratur sowie der Kinoleinwände bereits seit Jahrzehnten ist, der keine Hindernisse in seinem Leben kennt. Bond legte eine atemberaubende Karriere hin, einen so großen Erfolg, den nicht einmal der Tod seines Autors Ian Flemming einschränken konnte.[66] Bis heute ist James Bond ein ungeschlagener Star in der Literatur, aber vor allem lässt er die die Bond-Liebhaber nicht im Stich und verzaubert diese immer wieder mit neuen „Fällen", denen er auf den Grund geht und sie ins Kino oder alle Zeiten wieder vor den Fernseher zieht.

2.3   Rituale

2.3.1. Rituale - Definition

Wie bereits unter Punkt 1.2 erwähnt, versteht man unter Ritualen Handlungen oder feste Abläufe, die von Mitgliedern einer Kultur einheitlich ausgeführt werden. Sie sind sozial notwendig und werden daher ihrer selbst willen ausgeübt. Feste, soziale oder religiöse Zeremonien, Ehrerbietungen oder aber Umgangsformen zählen zu den Ritualen. Solche

---

[63] Siehe: http://www.bender-verlag.de/lexikon/lexikon.php?begriff=Antiheld
[64] Vgl.: ECO (1966:75)
[65] Siehe ECO (1966:78)
[66] Vgl.: ECO (1966:69)

Rituale werden in einer Kultur als selbstverständlich angesehen und selten hinterfragt. In der Regel haben sich diese über Jahrzehnte oder sogar Jahrhunderte hinweg entwickelt,[67] In den James Bond-Filmen haben sich mit der Zeit auch einige traditionelle Rituale von den ersten Filmen an heraus kristallisiert. Diese sind bis heute, wenn auch manchmal in modifizierter Form noch vorhanden und sind zu den Markenzeichen des Doppel-Null-Agenten geworden.

2.3.2 Rituale und ihre Bedeutung in den Bondfilmen

Zu den wohl bekanntesten Rituale gehören Phrasen wie „Wodka Martini, geschüttelt nicht gerührt" oder „Bond, James Bond" beim vorstellen seiner Person selbst. Phrasen wie diese wurden mit den Jahren zu einem festen Bestandteil der popkulturellen Allgemeinbildung. „Der Besuch eines Bond-Films erinnert an den Auftritt einer Band, die man bereits mehrfach live gesehen hat und bei der die interessante nicht darin besteht, ob sie ihre Hits auch an diesem Abend spielen wird, sondern in welcher Form diese arrangiert sein wird."[68] Dieses Zitat trifft ganz genau zu. Denn Rituale wie diese kommen in den Filmen immer wieder vor, jedoch wie bereits oben erwähnt in abgeänderter Form. Dies zeigt beispielsweise eine Szene aus Octopussy", in der das Bondgirl gezeigt wird, wie sie beim Betreten von Bond, ohne ihn zu fragen, einen Shaker in die Hand nimmt und den Wodka Martini zu bereitet und ihn Bond dann reicht (Abb. 40).Diese Szene kann ohne diese berühmten Worte existieren, da dieses Ritual bei den Zuschauern bereits bekannt ist, aber dabei dennoch nicht an Stellenwert verliert.

Abbildung 40: Octopussy bereitet Bond seinen Wodka Martini zu[69]

Unter dem Aspekt der sozialen Zeremonien könnte man neben dem berühmten Trinken des Wodka Martini auch die Machtkampfszenen in den immer wieder kehrenden Casino-Szenen oder wie die folgende Abbildung 41 in "Octopussy" zeigt, bei einem Würfel-Spiel anbringen,

---

[67] http://www.afs60.de/webcontent/files/Ausschnitt_Katalog.pdf
[68] Siehe: Rauscher (2007:60)
[69] Screenshot aus der DVD „Octopussy"

wo sich Bond und in diesem Fall Kamal Khan ein Duell liefern, wodurch Bond an einige Informationen kommen will.

Abbildung 41: Bond mit Kamal Khan beim Würfel-Spiel[70]

Zu dem oben genannten Aspekt zählen auch die Abendessen, welche immer sehr förmlich sind, obwohl oftmals angespannte Situationen vorherrschen, in denen Bond sich dabei befindet. Hier ist zu beobachten, dass beide Seiten, gut wie böse, ihre Gesprächsmuster während des gesamten Films aufrecht erhalten. Die beiden „Kontrahenten" bleiben immer sachlich. Auch in unruhigen Situationen, wie der in „Goldfinger", als sich Bond in Goldfingers Gefangenschaft befindet, werden ruhige Gespräche geführt.

Unter dem Aspekt der Ehrerbietung ist festzustellen, dass James immer dem Kommando von M unterliegt, aber meistens seinen eigenen Weg geht. Man könnte die Beziehung zwischen Bond und M mit der zwischen dem Beherrschten und dem Beherrschendem vergleichen. Es ist festzuhalten, dass M vor Bond als Träger einer Information über die Ereignisse steht und daher dem Protagonisten überlegen ist.[71]

Dieses Phänomen lässt sich auch bei den Antihelden beobachten. Auch Goldfingers Anhänger folgen seinen Anweisungen blind, jedoch wechselt Pussy Galore zum Ende die Seiten. Dies ist auch bei Octopussy zu sehen, die zuerst mit Kamal Khan gegen Bond arbeitet und letzten Endes auf die „gute" Seite wechselt.

Zu den bereits genannten Ritualen, so wie sie Geert Hofstede definiert, kann man gewisse Filmmuster als Ritual ansehen. Vertraute Nebenfiguren, vertraute Rituale, vertraute Bilder und schließlich eine vertraute Strukturen der Erzählung bis hin zum Auftritt des Bösewichts und der Frauen, die James Bonds Weg kreuzen können als Rituale verstanden werden. Eben die Mischung aus verlässlicher Wiederkehr bekannter Elemente machen den Erfolg der James Bond Filme aus.

---

[70] Screenshot aus der DVD „Octopussy"
[71] Vgl.: ECO (1966:73)

Vergleicht man nun die ersten drei Schalen des Kulturzwiebelmodells von Hofstede, ist zu beobachten, dass die einzelnen Schichten nach innen hin, also von der Oberfläche weg zum Kern hin, mehr an tieferer Bedeutung annehmen und nicht mehr nur auf Äußerlichkeiten beruhen. Hofstede fasst diese ersten Begriffe unter den so genannten „Praktiken" zusammen. „Als solche sind sie für einen außen stehenden Beobachter sichtbar, aber ihre kulturelle Bedeutung ist nicht sichtbar; sie liegt genau und ausschließlich in der Art und Weise, wie diese Praktiken von Insidern interpretiert werden."[72]

2.4 Werte
2.4.1 Werte – Definition

Den letzten Punkt und somit inneren Kern der Kulturzwiebel nach Hofstede bilden die Werte in einer Gesellschaft. Mit diesen lässt sich, zusammen mit Grundannahmen wie Normen, Einstellungen und Überzeugungen einer sozialen Einheit letztendlich eine Kultur definieren, die sich im Laufe der Zeit herausgebildet hat.[73] Nun ist es aber schwierig eine eindeutige und allgemein akzeptierte Definition von Kultur zu erstellen, da die vielen unterschiedlichen Kulturräume auf verschiedenen Werten basieren. Noch dazu kann die Bedeutung und das Erleben von Kultur als auch von Werten nur begrenzt mit Worten ausgedrückt werden. Um es in einer bildhaften Begriffsklärung und Annäherung zu verdeutlichen, wird oft eine Metapher herangezogen, welche besagt, dass es sich mit Kultur und den darin eingebundenen Werten für den Menschen wie mit dem Wasser für Fische ist. Die Parallelen liegen darin, dass der Mensch die Kultur genauso für selbstverständlich erachtet, wie der Fisch das Wasser um ihn herum, eben solange, wie ihn das jeweilige Element umgibt. Wird die vertraute Umgebung verlassen, wird auch das sonst Selbstverständliche bewusst, wobei zumeist auch festgestellt werden muss, dass in einer neuen Umgebung andere Denkmuster, Verhaltensweisen und Auslegung von Werten als selbstverständlich gelten und die eigenen als fremd betrachtet werden.[74] Nun sind wesentliche Bestandteile einer Kultur nach Hofstede Symbole, Helden, Rituale und eben auch die Werte, welche oft erst nach längerem Kontakt mit einer Kultur zu ergründen sind, wohingegen die übrigen drei Merkmale oft deutlich früher zu erkennen sind. Daher ist oft von zwei Ebenen bezüglich einer Charakterisierung einer Kultur die Rede.

Die sogenannte Percepta-Ebene umfasst dabei alle sichtbaren bzw. beobachtbaren Elemente einer Kultur, wozu sowohl materielle Zeichen wie Kleidung, Architektur oder auch immaterielle Wesenszüge einer Kultur wie Sitten und Bräuche, die Sprache und soziale Strukturen gehören.

---

[72] Siehe HOFSTEDE (2001b: 8ff.)
[73] Vgl. KUTSCHKER/SCHMID (2002: 658)
[74] vgl. BLOM/MEIER (2002: 35).

Die sogenannte Concepta-Ebene beschreibt hingegen alle nicht beobachtbaren Bestandteile einer Kultur, welche als die Ursachen für ein entsprechendes Verhalten der jeweiligen Kulturteilnehmer gelten. Besonders Werte und Normen, als auch Einstellungen zählen zu Letzterer, schwer analysierbaren Ebene. [75] Zur Visualisierung des Aufbaus von Kultur dient das Zwiebelmodell von Hofstede, siehe Abbildung 1. Während die drei oberen Schichten (Symbole, Helden und Rituale) zu den sichtbaren Bestandteilen einer Kultur, also der Percepta-Ebene gezählt werden, ist die letzte Schicht und somit der Kern auf den die darüber liegenden Schichten aufbauen, unsichtbar und der Concepta-Ebene zuzuordnen. Während hierbei eine Unterscheidung in den Bestandteilen der Kulturzwiebel gemacht werden muss, so ist allen Teilen gemein, dass sie von den Vertretern der Kultur mittels der Praktiken Anwendung finden.

Versucht man nun zu definieren, was genau die Werte und Normen in einer Kultur sind, scheitert eine eindeutige und allgemein gültige Definition an der Vielfalt der unterschiedlichen Auffassungen von eben diesen. Generell spiegeln Werte kulturspezifische und gefühlsmäßige Einstellungen, sowie auch wertende Aussagen bezüglich gut/böse, aufregend/langweilig etc. wider und verdeutlichen zudem die erstrebenswerten Ziele einer Gesellschaft.

Normen indessen basieren auf den, je nach Kultur, spezifischen Bewertungen „richtig" und „falsch". An ihnen erkennen die Mitglieder einer Kultur also, wie sie sich verhalten sollten. [76]

Die Verkehrsregeln im Straßenverkehr oder auch ein Rauchverbot in einem Zugabteil sind einfache Beispiele für alltägliche Normen in einer Kultur.

Wünschenswertes wird laut Hofstede durch die absolute, ethisch richtige Norm zum Ausdruck gebracht, wohingegen das Erwünschte durch die statistische Norm, also tatsächlich mehrheitlich getroffene Entscheidungen, reflektiert wird.[77] Den Werten und Normen liegt jedoch noch ein oft übersehener Unterpunkt zugrunde, nämlich die sogenannten Grundannahmen. Diese gehen laut Trompenaars von dem wichtigsten und prägendsten Grundbedürfnis des Menschen aus, dem Willen zu überleben. Die Wurzeln der heutigen Kulturen liegen also bis an die Anfänge der Menschheit zurück und entwickelten sich, je nach den hervorgekommenen Gesellschaften, zum bestmöglichsten Weg, das Überleben zu sichern und auftauchende Probleme zu lösen.

Der Instinkt das Überleben zu sichern ruht auch heute noch im Menschen und ist die Basis für alle Normen und Werte.

Die Entwicklung eines Wertesystems, mit Hilfe dessen der Mensch seine Umwelt beurteilen kann, erfolgt in früher Kindheit. Dies hat zur Folge, dass viele Werte dem Menschen gar nicht

---

[75] vgl. SCHERM/Süß (2001: 20f).
[76] vgl. TROMPENAAS (1993: 39f.)
[77] vgl. HOFSTEDE (2001b: 9ff.)

bewusst sind, da sie als selbstverständlich erachtet und auch nicht in Frage gestellt werden, solange eine Änderung der äußeren Umstände dies nicht erfordert.

Oft kommt es dann zu der Entwicklung, dass das eigene Wertesystem und die darauf fußende Kultur höher bewertet werden als die Kultur anderer Volksgruppen. Dies geschieht jedoch eher im Unterbewusstsein, da der Mensch quasi zunächst Gefangener seiner Kultur ist. Kommt es zu einem Aufeinandertreffen verschiedener Kulturkreise, kann das Verständnis für den jeweiligen Gegenüber und sein Verhalten oft stark eingeschränkt und den Austausch erschweren. Dieses Phänomen wird als Ethnozentrismus bezeichnet.[78]

Der sogenannte Kulturrelativismus wirkt dem Ethnozentrismus entgegen und versucht vorschnelle Urteile über Personen oder Gruppen anderer Kulturräume und somit mit andern Norm- und Wertvorstellungen, zu vermeiden.

Da sich Werte und Normen sehr variabel und je nach Kultur unterschiedlich auslegen lassen, wird ein Maßstab für die folgende Analyse bezüglich dieser in den James Bond Filmen, festgelegt. Normen werden als Regeln und Maßstäbe gesehen, die zur Verhaltenssteuerung in einer Gruppe beitragen. Diese Regeln zu beachten ist verbindlich und wird entweder bei Beachtung belohnt oder bei Missachtung sanktioniert um ein geordnetes Zusammenleben zu erleichtern. Folgende Bereiche werden bezüglich Normen in der Welt von James Bond untersucht:

- Technik: Werden die physikalischen Gesetze, Normen und Grenzen eingehalten?
       Wie wird sie innerhalb der Gesellschaft eingesetzt?
- Politik: Welche Regierungsformen gibt es, wie werden sie dargestellt?
- Recht: Ist ein funktionierendes Rechtssystem vorhanden und wenn ja, wird es eingehalten?
- Religion: Welche Religionen werden dargestellt?
- Soziales: Gibt es auffälliges Gruppenverhalten?
- Ethik: Welche Rolle spielt die Frage nach sittlich gutem Handeln?

Diese Richtlinien für die Stabilität menschlichen Zusammenlebens in Gemeinschaften bringen nicht nur Vorteile mit sich, sondern besitzen auch Nachteile. So wird von jedem einzelnen gefordert sich an die aufgestellten Normen zu halten um die Sicherheit aller zu gewährleisten. Die persönliche (Entscheidungs-) Freiheit wird dadurch eingeschränkt und in ein Belohnungsdenken gewandelt. Doch müssen Normen nicht zwingend unveränderlich und starr sein. Mit sich verändernden gesellschaftlichen Verhältnissen kann es auch zu einem Wandel der Normen kommen. Beispielsweise war die Emanzipierung der Frau innerhalb der Gesellschaft eine Veränderung, die auch Normen betraf und zu Anpassungen führte.[79]

---

[78] Vgl. SOURIS/ HUNSCHA (2002): Interkulturelle Kommunikation
http://www.techfak.unibielefeld.de/ags/wbski/lehre/digiSA/KommIntelligenz/hunscha_souris.pdf
[79] Vgl.: WAGNER(2001): Verhaltensmuster - Normen - Werte

Grundlegend für die Entstehung von Normen sind Werte, die ebenfalls der Vielfalt wegen eingeschränkt werden. Bezüglich der James Bond Filme sind folgende Werte relevant:

- Materielle Werte: Güterverteilung, Besitzverhältnisse und ihre Auswirkungen
- sittliche: Welche Rolle spielen Begriffe wie z.B. Ehre und Moral?
- religiöse: Wie werden Religionen im Film dargestellt?

2.4.2 Normen in den James Bond Filmen

2.4.2.1 Technische Normen am Beispiel von „Goldfinger"

Gleich zu Beginn des Films zeigt sich die Überlegenheit und Ausgereiftheit der Technik James Bonds', welche im weiteren Verlauf die überragende Forschung des britischen Geheimdiensts noch deutlicher repräsentiert. Für die Wachen eines Nachtlokals in dessen Nebenräumen Heroin für den Verkauf im großen Stil gelagert wird, ist der Held James Bond, ausgerüstet mit Spezialtaucheranzug und Kletterhaken-Pistole, beinahe unsichtbar. Das zu beseitigende Rauschgift wird mittels Plastiksprengstoff und Zeitzünder beseitigt, während Bond im vom Taucheranzug geschützten weißen Smoking die Bar betritt.

Im Gegenzug beweist aber auch James Bonds Widersacher, Auric Goldfinger, technisch gut ausgerüstet zu sein. Beim Kartenspiel um Geld benutzt dieser einen Knopf im Ohr, über den er Informationen von seiner Gespielin Jill Masters erhält, welche in die Karten des Gegenübers blicken kann.

Sowohl die „gute" als auch die „böse" Seite präsentiert in den ersten Minuten des Films ihren jeweils hohen Stand der Technik, welcher im weiteren Verlauf in noch moderneren und kostspieligeren Formen der Technisierung betont wird. Bond und Goldfinger setzen diese Gerätschaften jeweils zu ihren Gunsten ein. Bond handelt dabei natürlich im Sinne seines Auftrages, Goldfinger zu seinem persönlichen finanziellen Wohl. Dieses erste noch relativ harmlose Aufeinandertreffen des Protagonisten und Antagonisten beschreibt auch Umberto Eco in seinem Aufsatz „Die erzählerischen Strukturen in Flemmings Werk" als Duell, welches bereits auf den späteren Showdown hinweist und in welchem entweder Bond oder dem Bösewicht vom jeweils Anderen eine Lektion erteilt wird. Bei Goldfinger wird dieser Part des von Eco erwähnten Schemas besonders in den Fokus der Technisierung gerückt, welche die entscheidenden Vorteile schafft.[80]

Im weiteren Verlauf erfolgt einen Art Wettrüsten beider Seiten mit hochmodernsten Techniknheuheiten. Bond erhält seine Ausrüstung komplett in einer Szene von Q, was ihm zunächst im Auge des Betrachters einen Nachteil einbringt, da sein Equipment nicht mehr erweitert wird, während Goldfinger immer noch gewaltigere Geschütze aufzuziehen scheint,

---

[80] Vgl.: ECO (1966: 89)

wie z.B. einen riesigen Laserstrahler (vgl. Abb.42). Im finalen Showdown, dem Überfall auf Fort Knox, gipfelt die Technisierung im scheinbar, logistisch mit den neuesten Errungenschaften der Waffen- und High-Tech-Forschung vollzogenen, perfekt geplanten Raub. Dem Zuschauer wird durch den letztendlichen Triumph Bonds über Goldfinger jedoch gezeigt, dass nicht unbedingt die Masse an Technik, sondern weniger Gimmicks mit dem nötigen Know-How zum Erfolg führen. Wenngleich auch James Bond mit teilweise weit über physikalische Grenzen hinausgehender Technik ausgestattet wird, weiß er sie im Gegensatz zu Goldfinger präzise einzusetzen und vor allem für das Wohl aller. Goldfinger dagegen glaubt mit einem Übermaß an neuesten Forschungsergebnissen unaufhaltbar zu sein. Ein Irrglaube, der bezüglich der Technik als Norm im Scheitern seines Plans und mit dem Tod bestraft wird. Zu diesem Ergebnis kommt auch Eco, der als letzten Punkt seines Bond-Schemas die finale Niederlage des Bösewichts mit dessen Tod setzt und das Wertepaar James Bond – Bösewicht auf die Seite des ersteren ausschlagen lässt.[81]

Abbildung 42: Goldfinger bedroht Bond mit Laser[82]   *Abbildung 43: Bond erhält bei Q seine Ausrüstung[83]*

2.4.2.2 Politische Normen am Beispiel von „Octopusssy"

Politische Normen zeichnen sich, laut der Uni Konstanz, dadurch aus, dass ein staatlicher Machtapparat sie notfalls mit Zwang durchsetzen kann. Sie werden dann in einem starken Sinne als legitim angesehen, wenn sie für die betroffenen Individuen von Vorteil sind.

---

[81] Vgl.: ECO (1966: 90)
[82] (http://image.toutlecine.com/photos/g/o/l/goldfinger-1964-16-g.jpg
[83] Screenshot aus der DVD "Goldfinger"

Dadurch ergibt sich ein wechselseitiger Kooperationsgewinn, dessen Potential nicht nur in der philosophischen, sondern auch in der ökonomischen Diskussion eine zentrale Rolle spielt. Das Ziel ist, neben der Sicherung eines friedlichen Zusammenlebens, auch wirtschaftlich davon zu profitieren, nämlich in der Legitimation weitergehender Kooperationsgewinne durch eine marktwirtschaftliche Handelsordnung. [84]

In den James Bond Filmen wird die Politik der dargestellten Länder zwar durchaus gemäß der grundlegenden realen Verhältnissen gezeigt, jedoch, um die meist konkurrierenden Staatssysteme für den Zuschauer schnell und einfachdurchschaubar zu machen, werden allgegenwärtige Stereotypen benutzt und übertrieben dargestellt.

Im Film Octopussy dient England bzw. sein Geheimagent James Bond als Vertreter der westlichen Welt, während Russland bzw. General Orlov den kommunistischen Osten repräsentiert. Da dieser Film 1983, also im Kalten Krieg, spielt, wird der politischen Darstellung besonderer Wert zugemessen. Die politische Orientierung ist durch die beiden Länderbeispiele eindeutig geklärt. England als Beispiel der demokratisch regierten Welt steht für die Durchsetzung von Normen mit Vorteilen für alle Individuen innerhalb des Staates. Russland liefert als kommunistisch regiertes Land vermeintlich das noch bessere Beispiel dafür, da der Kommunismus in seinen Grundzügen das Wohl und die Gleichberechtigung aller noch zentraler positioniert als eine demokratische Regierung. Jedoch trügt dieser Schein, da sich schnell herausstellt, welche Ziele Russland, in Form des Generals, wirklich verfolgt. Die Pläne Orlovs sind, die Kontrolle über Westeuropa zu übernehmen, dem eine einseitige Abrüstung der NATO-Staaten durch gezielte Zündung einer Atombombe, getarnt als Unfall, auf alliierter Seite vorausgeht. Dieses Vorhaben dient aber ausschließlich dem Wohl und Vorteil einiger weniger, nämlich in diesem Fall den machtbesessenem General Orlov und nicht allen Individuen des Staates, wie oben bereits erwähnt. Die Legitimation dieser Auslegung politischer Normen und Handlungen kann nicht akzeptiert werden, was durch das entschiedene Vorgehen Bonds dagegen demonstriert wird.

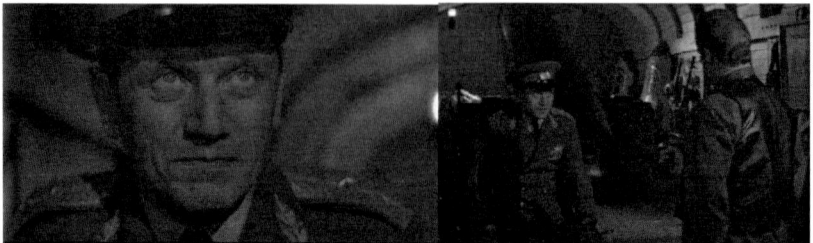

Abbildung 45: Der russische General Orlov[85]   *Abbildung 46: Bond deckt Orlovs Plan auf[86]*

---

[84]Vgl.: KUEHNELT (2004): On the Rational Legitimization of Political Norms under Conditions of Cultural Pluralism and Cultural Changes, http://www.uni-konstanz.de/ppm/norms-conference/
[85] Screenshot aus der DVD „Octopussy"

2.4.2.3 Rechtliche Normen am Beispiel von „Dr. No"

Die Darstellung der Rechtssysteme in den James Bond Filmen ist, wie z.B. auch die Repräsentation der Technik, zweigeteilt. Die „gute" Seite, also vertreten durch Bond, ist ein westliches Rechtssystem, das, beruhend auf dem System der Demokratie, gut ausformuliert ist und eine klar strukturierte Vorgehensweise bei Missachtung des Rechts vorsieht. Für die Person James Bond gelten jedoch besondere Sonderrechte, die er durch seinen Status als Doppelnullagent erhält. So wird er beispielsweise zu Beginn des Films nochmals von seinem Auftraggeber M darauf hingewiesen, dass, wenn nötig, einen Gegner erschossen werden darf. Dies wird, im Zuge seines Auftrags und als Geheimagent Großbritanniens, keine rechtlichen Konsequenzen nach sich ziehen, wie es natürlich bei jedem anderen der Fall wäre.

Im späteren Verlauf des Films macht James Bond von diesem Privileg das erste Mal Gebrauch als er Professor Dent im Schlafzimmer von Mrs. Tötete. Das zweite Mal auf Crab Key, als Bond ,Quarrel und Honey Rider beinahe von einem Sicherheitsmann entdeckt werden. Ein weiteres Mal nimmt er davon Gebrauch, als er aus seiner Zelle in Versteck Dr. No's entkommt und einen Arbeiter des Reaktors überwältigt um an seinen Strahlenschutzanzug zu kommen. Den Höhepunkt erreicht Bonds Lizenz zum Töten dann im Kampf Mann gegen Mann mit Dr. No selbst. Bond schmeißt ihr dabei in das kochende Wasser des Reaktors und lässt ihn im siedenden Becken sterben, siehe dazu Abbildung 46

Abbildung 46: Kampf Bonds mit Dr. No[87]

Als James Bond auf Jamaika ankommt und sich das Haus des getöteten Kollegen Strangways zusammen mit der dortigen Polizei ansieht, wird deutlich, dass auch das

---

[86] Screenshot aus der DVD „Octopussy"
[87] Screenshot aus der DVD „007 jagt Dr. No"

Rechtssystem auf Jamaika scheinbar verlässlich ist und von Seiten der Polizei alles getan wird um den Mord an Strangways aufzuklären.

Dass jedoch nicht ganz Jamaika unter einem mit westlichen Maßstäben vergleichbarem Rechtssystem steht wird deutlich, als dem Zuschauer die Insel Crab Key das erste Mal präsentiert wird. Professor Dent, Mitglied der alltäglichen Kartenrunde des ermordeten Strangways, setzt per Boot auf die Insel über und wird sofort von den Wachen Dr. No's in Empfang genommen. In einem leeren Raum spricht dann Dr. No zu ihm, gottgleich von einer nicht sichtbaren Quelle an der Decke des Raums, vermutlich handelt es sich um Lautsprecher. Anhand dieser kleinen Sequenz und der Tatsache, dass sowohl die Wachen als auf Professor Dent bedingungslos seine Forderungen erfüllt, wird gezeigt, dass innerhalb der Grenzen Crab Keys die Gesetzte und Regeln von außerhalb keine Bedeutung haben und nur der Wille Dr. No's Gesetz ist. Dies betrifft auch das Töten von Menschen, ein ähnliches Privileg der Wachen, vergleichbar mit dem Bonds'. Das erste Mal eingesetzt wird es bei der Suche nach den drei Eindringlingen Bond, Quarrel und Honey Rider. Als die Gruppe in einem Sumpf aufgespürt wird und versucht die Wachen zu attackieren, wird Quarrel mit einem Flammenwerfer getötet. Siehe dazu Abbildung 47 und 48.

Abbildung 47 und 48 : Screenshots aus der DVD „007 jagt Dr. No"[88]

Zudem handeln alle Akteure, die Dr. No untergeben sind, ohne Skrupel was dessen Befehle sind. Sie haben das von ihm auferlegte Rechtssystem verinnerlicht, was durchaus daran liegen mag, dass der ursprüngliche Hintergrund des kommunistischen Chinas, aus dem alle Handlanger zweifelsohne stammen, ebenfalls geprägt ist von einem strikten und durch eine Person vorgegebenen Rechtssystem.

Die Tatsache, dass es in den James Bond Filmen unterschiedliche Rechtssysteme gibt, immer gepaart mit dem Gegensatzpaar Gut – Böse, widerspricht zunächst nicht der Theorie von Hofstede. Jedoch kristallisieren sich zwei Sonderfälle bezüglich der Rechtsprechung heraus. Auf der einen Seite ist es Bond, der durch seinen Status als Doppelnullagent außerordentliche Freiheiten genießt und dadurch mit dem Rechtssystem so gut wie nie in Konflikt gerät. Auf der anderen Seite steht der Bösewicht, in diesem konkreten Fall Dr. No, der zunächst in einem Rechtssystem lebt, das dem Bonds entgegengestellt ist. Meist basiert

---

[88] Screenshots aus der DVD „007 jagt Dr. No"

dieses auf kommunistischen oder terroristischen Gedankengut. Darüber hinaus schafft sich Dr. No seine eigene Vorstellung von Recht und Gesetz, indem er ausschließlich seine Regeln auf Crab Key duldet. Dies führt zu einem starken Gegensatzpaar, was die Ansichten Bonds und Dr. No's betrifft und ist mit der Vorstellung Hofstedes von Gleichheit nicht mehr vereinbar, dieser sagt nämlich: „In vielen Ländern ist die Gesetzgebung so ausgelegt, dass die Idealvorstellung von Gleichheit gewahrt wird: jeder sollte gleich behandelt werden, ungeachtet seines gesellschaftlichen Standes, materiellen Wohlstandes oder Macht."[89]

Es lässt sich also erkennen, dass bezüglich der Normen des Rechts und Gesetzes in Dr. No eine deutliche Disparität dargestellt wird. Zum einen aufgeteilt in eine Ost-West Disparität, zum anderen nochmals verstärkt durch die beiden Hauptfiguren Bond und Dr. No, die sich beide durch gesonderte Rechts- und Gesetzesauslegungen definieren.

2.4.2.4 Soziale und ethische Normen in den James Bond Filmen

Aufgrund der teilweisen Überschneidung bei den Kriterien bezüglich sozialen und ethischen Normen werden diese beiden Punkte zusammengefasst betrachtet.

Die sozialen Strukturen in den James Bond Filmen sind mit den Charakter- und Wertgegensatzpaaren Umberto Ecos gut auf strukturiert und erklärt worden. Eco arbeitet dabei mit dem einfachen Gegensatz von „Gut" und „Böse". Die nachfolgende Analyse baut daher immer auf dem Grundgedanken dieser Zweiteilung auf, wobei die Begriffe Bond, die Frau (früher oder später auf Bonds Seite), die freie Welt, Großbritannien (als Repräsentant der westlichen Welt), die Pflicht, das Ideal, die Liebe, sowohl Planung als auch Improvisation, Aufwand und Entbehrung, Außergewöhnlichkeit und das Maß, sowie die Reinheit und Loyalität eindeutig der „guten" Seite zuzuordnen sind. Diesen gegenüber stehen die Begriffe der „bösen" Seite, mit dem Bösewicht, der Frau (anfangs meist noch im Einflussbereich des Bösewichts), nichtangelsächsischen Länder/kommunistischen bzw. terroristischen Regimen, Gier, Tod, Perversion und Illoyalität.

Diese Einteilung führt, leicht abgeändert, zu folgenden sozialen Gruppen[90]:

Gruppe 1 besteht aus der freien Welt und der Sowjetunion/kommunistischen bzw. terroristischem Regime gegen Großbritannien und nichtangelsächsische Länder. Dies sind die beiden sozialen Gegensätze, die allen anderen übergeordnet sind und aus denen die kleineren Fraktionen hervorgehen.

Gruppe 2 besteht aus Bond und M, Bond und dem Bösewicht, dem Bösewicht und der Frau, sowie der Frau und Bond.

---

[89] HOFSTEDE (2001: 52)
[90] Vgl.: ECO (1966: 72)

Diese Gruppenpaare tauchen in jedem Bond-Film auf und ihr Verhältnis zueinander ebenfalls, wobei es zu leichten Variationen kommen kann. Sie bezeichnen die persönlichen Verhältnisse zwischen Charakteren, die wiederrum als Stereotypen höherer Systeme agieren.

Die letzte und detaillierteste Unterteilung, Gruppe 3, beinhaltet: Pflicht gegen Opfer, Gier gegen Ideal, Liebe gegen Tod, Improvisation gegen Planung, Aufwand gegen Entbehrung, Außergewöhnlichkeit gegen Maß, Perversion gegen Reinheit und Loyalität gegen Illoyalität. Diese Gegensatzpaare erläutern die Feinheiten des Spiels Gut gegen Böse und machen so den Film interessant, da sie variabel zum Einsatz kommen.

Grob untergliedert agieren also eine „gute" und eine „böse" soziale Gruppe, bzw. deren Vertreter, in den James Bond Filmen, wobei ein in den Grundzügen immerwährendes Schema zwischen den sozialen Gruppen abläuft.

Bond wird an einen bestimmten Ort gesandt, um den utopischen Plan eines Bösewichts von ungewisser, aber mit Sicherheit nichtenglischer Herkunft zu vereiteln. Dieser Schurke versucht durch eine verbrecherische Organisation sowohl Geld als auch Macht zu erlangen und gegen die westliche Welt zu kämpfen. Während Bond dem Widerling entgegentritt, trifft er auf eine Frau, die von jenem beherrscht wird. Bond befreit sie von ihrer Vergangenheit, indem er eine erotische Beziehung mit ihr eingeht, welche jedoch früher oder später durch die Gefangennahme durch den Schurken unterbrochen wird. Anschließend folgt eine Reihe physischer als auch teilweise psychischer Foltermethoden, die der Held aber übersteht und schließlich entkommen kann. Im finalen Showdown kämpft Bond Mann gegen Mann gegen den Bösewicht, wird häufig dabei verletzt und tötet den Schurken der auf entsetzliche Weise stirbt. Bond entkommt der Szenerie des Bösen und erholt sich von den schweren Strapazen in den Armen der Frau. [91]

Das Schema in den James Bond Filmen enthält immer die gleiche Kette von Ereignissen und die gleichen Charaktere der Nebenfiguren. Das Vergnügen des Lesers besteht darin, an einem Spiel teilzunehmen, dessen Figuren und Regeln – und sogar dessen Ausgang - er kennt. Er bezieht sein Vergnügen lediglich aus dem Verfolgen der minimalen Variationen (Varietäten der drei Gruppen, von 1 bis 3 nehmen dabei die Varietäten weitläufigere und umfassendere Formen an), durch die der Sieger sein Ziel erreicht.

Auch der Vergleich eines James Bond Filmes mit einem Fußballspiel ist nicht abwegig. Bei letzterem sind von Anfang an das Milieu, die Anzahl der Spieler und die Spielregeln bekannt, sowie die Tatsache, dass sich alles was folgt auf dem Raum des grünen Rasens abspielen

---

[91] Vgl.: ECO (1966: 95 ff.)

wird. Der einzige Unterschied liegt darin, dass bei einem Fußballspiel bis zum Schluss die Frage offenbleibt, wer als Sieger vom Platz gehen wird.[92]

Die Frage nach ethischen Normen und damit sittliche korrektem Handeln hängt natürlich immer davon ab, was die Kultur in der man lebt als sittlich korrekt definiert. Diese Einschätzung ist erzogen und nicht etwa angeboren.[93] Bei einer Spaltung der Charaktere in den James Bond Filmen in Gut und Böse ergeben sich zwingenderweise gegensätzliche Anschauungen, was sittlich korrektes Handeln betrifft. Für Bond zählt beispielsweise die Erfüllung seiner Auftrags zu letzterem, während für Dr. No Sitten definiert durch westliche Maßstäbe wenig bis keine Bedeutung haben, da er seine eigene Vorstellung von ethischen Normen entwickelt hat. Diese ist sehr egozentrisch und entgegen der gewohnten Regeln von sozialen Systemen aufgebaut. Betrachtet man das Handeln Dr. No's natürlich aus seiner Perspektive, so agieren er und seine Untertanen natürlich schon sittlich korrekt im Sinne seiner eigenen geschaffenen Werte und Normen innerhalb des Regimes.

Werte, aus denen die Normen einer Gesellschaft hervorgehen sind sehr vielfältig und es gibt zahlreiche Beispiele dafür. Für die James Bond Filme von großer Bedeutung sind die sittlichen, die materiellen als auch die religiösen Werte.

Sittliche Begriffe wie Ehre und Moral spielen bei James Bond dahingehend eine große Rolle, da sie sowohl von der guten als auch von der bösen Seite vehement zu verteidigen versucht werden. Dabei ergibt sich wie bereits festgestellt die Zweiteilung in westliche und nicht-westliche Standards. James Bond vertritt natürlich den Westen und seine persönliche, als auch selbstverständlich die Ehre seines Landes steht bei der Erfüllung seiner Aufträge auf dem Spiel. Daher versucht er alles nur irgendwie Mögliche um diesem Ziel näherzukommen und es so schnell wie möglich zu erreichen, auch wenn sein Leben dabei oft mehr als einmal auf dem Spiel steht, wie in Abbildung 49 zu sehen ist.

Abbildung 49: Bond beim Kampf Mann gegen Mann auf einem fliegenden Flugzeug[94]

---

[92] Vgl.: ECO (1966: 97)
[93] vgl. HOFSTEDE (2001b: 4)
[94] Screenshot aus der DVD „Octopussy"

Für die Gegenseite, den Schurken und seine Handlanger gilt dabei das gleiche. Auch sie sind bestrebt mit aller Gewalt ihre Interessen durchzusetzen und die Pläne zu verwirklichen, die Bond zu durchkreuzen versucht. Dabei gehen sie ähnliche Risiken ein wie Bond, wie ebenfalls auf Abbildung X zu sehen ist.

Materielle Werte sind unter anderem grundlegend für den bereits behandelten Aspekt der technischen Normen. Für beide Parteien, sowohl Gut als auch Böse, sind materielle Besitztümer von entscheidender Bedeutung. Für Bond als Agent des MI6 steht dabei natürlich die Ausrüstung mit den Gadgets als auch ein gewisses Erscheinungsbild im Vordergrund, welches die Britishness ausdrückt und den Zugang zu gewissen Kreisen erleichtert.[95] Persönliche Bedeutung materieller Besitztümer kommt dabei wenig bis keine ins Spiel. Ganz im Gegenteil zum Bösewicht, dem es ausschließlich um seine persönlichen materiellen Güter geht, wenn es zur Erfüllung seines Plans kommt. Als bestes Beispiel dient hierbei der Film Goldfinger, bei dem Auric Goldfinger gar nicht genug von Gold bekommen kann und sich selbst mit immer größeren Mengen davon bereichert. James Bond ist dagegen nicht selbst für seine Ausstattung zuständig, dies übernimmt Q für ihn. Beide Aspekte sind in nachfolgenden Abbildungen Nr. 50 und 51 zu erkennen.

Abbildung 50: Goldbarren für Goldfinger werden verladen[97] *Abbildung 51: Bond erhält seine Ausrüstung[96]*

Religiöse Werte spielen in James Bond Filmen auf den ersten Blick keine große Rolle, jedoch darf man sie nicht außer Acht lassen. Wenn auch nicht in den Mittelpunkt der Handlung gerückt, so tauchen dennoch große Weltreligionen immer wieder auf und beeinflussen dadurch das Geschehen. In „Octopussy", der teilweise in Indien spielt, beherrscht nicht nur die indische Kultur sondern auch zunehmend der Hinduismus mit seinen eindrucksvollen Elementen den Film. Dabei spielt natürlich auch eine Rolle, dass nicht-christliche Religionen sehr viel stärker das Leben und den Alltag seiner Anhänger prägen. Nicht nur in „Octopussy" ist das gesamte Setting durch den Hinduismus beeinflusst, auch andere Religionen wie z.B. der Islam in „Der Spion der mich liebte" haben zum einen den

---

[95] Vgl.: COMMENTALE et al. (2005: 129)
[96] Screenshot aus der DVD „Goldfinger"
[97] Screenshot aus der DVD „Goldfinger"

Film prägende Elemente, als auch Wirkungen auf den Zuschauer, der die fremde Religionen oft durch allgemein verbreitete Vorurteile präsentiert bekommt. So ist es laut den Bond Filmen üblich, dass in Indien auf den Straßen mehr oder weniger organisiertes Chaos herrscht, während überall Waren auf dem Boden angeboten werden. Inwiefern diese Darstellung der Realität entspricht verbleibt dem Zuschauer verborgen, wenn er sich nicht außerhalb der Filmwelt darüber informiert. Abbildung 52 und 53 geben einen Eindruck der von Religion geprägten Schauplätze.

Abbildung 52: Bond vor hinduistischen Monumenten[98]   *Abbildung 53: Kairo[99]*

3.   Fazit

Was lässt sich also zusammenfassend über Werte und kulturelle Praktiken bzw. die Anwendbarkeit des Kulturzwiebelmodells von Gerd Hofstede auf die James Bond Filme sagen? Das Kulturzwiebelmodell stammt wie bereits erwähnt aus der Wirtschaft und wurde ursprünglich auf der Basis von IBM-Mitarbeitern entwickelt, angewandt auf eine Filmreihe ergeben sich daraus natürlich mehr oder weniger große Schwierigkeiten, die es zu überwinden galt. Dennoch, auf den zweiten Blick gibt es erstaunliche Parallelen in den James Bond Filmen, besonders was die Grundstruktur der Symbolen, Helden, Rituale und der Werte betrifft. Ausschlaggebend auf die Anwendbarkeit ist die Tatsache, dass die Bond-Filme alle auf einem märchenhaften Gut-Böse-Schema basieren, das im prinzipiell Allem und jedem übergestülpt werden kann. Der gute Westen kämpft gegen das unvergängliche Böse in Gestalt pervertierter Schurken von zweifelhafter, aber definitiv nicht-britischer Herkunft. Der Bösewicht kann als Projektionsfläche für alteingesessene und hartnäckige Vorurteile dienen - der hässliche Deutsche (Goldfinger) oder der verschlagene Chinese (Dr. No), ganz egal wie er dargestellt wird, er steht immer dem Helden Bond gegenüber, der früher oder später über ihn triumphiert. Inwiefern dabei der Reiz der Bondfilme verloren geht, wenn sich dieses Schema anscheinend beliebig oft zu wiederholen scheint, sei dahingestellt. Die Popularität und der fortdauernde und wachsende Kult um Bond sprechen für sich.

---

[98] Screenshot aus der DVD „Der Spion der mich liebte"
[99] Screenshot aus der DVD „Der Spion der mich liebte"

Was Normen und Werte in den James Bond Filmen betrifft kann man ein fast allgemeingültiges Schema dazu entwickeln. Die Grundidee bleibt von Film zu Film die gleiche, ebenso wie die Rollenverteilung, die Rituale usw. Lediglich die Feinheiten des Musters, inwiefern das bekannte Muster erfüllt wird, ändern sich. Doch vielleicht macht gerade das den Reiz und die Faszination der Bondreihe aus. Der Zuschauer weiß worauf er sich einlässt, er kennt das Schema und weiß, dass am Schluss das Gute triumphieren wird. Diese Tatsache und die Zeit, die damit mehr oder weniger im Film eingespart wird ermöglichen viel mehr Raum für gestalterische Elemente und Ausschmückungen, die der Zuschauer auch erwartet wenn er bereits mit den Handlungsmustern vertraut ist. Auch die relativ einfach gestrickten Beziehungen unter den Charakteren – guter Held kämpft gegen bösen Schurken, rettet die Welt und dazu quasi noch die Prinzessin aus den Fängen des Bösen – setzt kein großen Vorkenntnisse voraus, sodass sich die Reihe auch neuen Fans relativ schnell öffnet genauso wie sie langjährige Fans begeistert. Dabei sind für die Zuschauer unterschiedliche Aspekte des Films interessant. Während den Einsteiger an den James Bond Filmen vor allem die Effekte und die actiongeladene Handlung faszinieren, kann der erfahrene Bondfan die Feinheiten erkennen, ähnlich wie im Hauptseminar analysiert. Somit ist die James Bond Reihe wohl eine „never ending story" und wird bei anhaltender Begeisterung wohl noch zahlreiche Titel hervorbringen.

4 Literaturverzeichnis:

BLOM, HERMAN u. MEIER, HARALD (2002): Interkulturelles Management: Interkulturelle Kommunikation. Internationales Personalmanagement. Diversity-Ansätze im Unternehmen. Herne

COMENTALE, EDWARD P.; WATT, STEPHEN u. WILLMAN,SKIP (2005): Ian Fleming & James Bond: The Cultural Politics of 007 Bloomington, Indianapolis.

ECO, UMBERTO (1966): Die erzählerischen Strukturen in Flemmings Werk. In: Der Fall James Bond. 007- ein Phänomen unserer Zeit. München.

GRÜNKEMEIER, ELLEN; ISKE, MARTINA; KRAMER, JÜRGEN; PANKRATZ, ANETTE; VIOL, CLAUS-ULRICH (2007): Das kleine Bond-Buch: From cultural Studies with Love. Schüren.

HOFSTEDE, GEERT (2001b): Lokales Denken, globales Handeln: Interkulturelle Zusammenarbeit und globales Management. München.

KRÜGER, CORD; MANNESBERGER, GEORG; RAUSCHER, ANDREAS; ZYWIETZ, BERND (2006): Mythos 2007: Die James-Bond-Filme im Fokus der Popkultur. Bender.

KUTSCHKER, MICHAEL u. SCHMID, STEFAN (2002): Internationales Management. München, Wien.

SCHERM, EWALD u. SüSS, STEFAN (2001): Internationales Management. Hagen.

TROMPENAARS, FONS (1993): Riding the Waves of Culture: Understanding Cultural Diversity in Business. London.

WAHRIG, GERHARD (1974): Fremdwörterlexikon. Wiesbaden

Internetquellen:

AFS Interkulturelle Begegnungen e.V.
http://www.afs60.de/webcontent/files/Ausschnitt_Katalog.pdf (Zugriff: 20.02.2010)

Lexikon der Filmbegriffe
http://www.bender-verlag.de/lexikon/lexikon.php?begriff=Antiheld (Zugriff: 20.02.2010)

FREEMANN, LUKE (2003)
http://commanderbond.net/1862/the-octopus-cult.html (Zugriff: 23.02.2010)

http://www.fremdwort.de/suche.php?term=statussymbol (Zugriff: 23.02.2010)

http://www.razyboard.com/system/morethread-vita-james-bond-jamesbond-2013604-
3605011-0.html (Zugriff: 17.2.2010)

KUEHNELT (2004): On the Rational Legitimization of Political Norms under Conditions of
Cultural Pluralism and Cultural Changes; http://www.uni-konstanz.de/ppm/norms-conference/
(18.2.10)

SOURIS/ HUNSCHA (2002): Interkulturelle Kommunikation
http://www.techfak.unibielefeld.de/ags/wbski/lehre/digiSA/KommIntelligenz/hunscha_souris.p
df (18.2.10)

WAGNER(2001): Verhaltensmuster - Normen - Werte
http://www.zum.de/Faecher/kR/BW/wagner/norm1.htm (18.2.10)